KB200973

통通성경학교 Pre-STEP 1

그 순간

The Moment

그 순간

초 판 1쇄 발행 2015년 8월 31일
5쇄 발행 2019년 1월 21일

지은이 · 조병호
펴낸곳 · 도서출판 **통독원**
디자인 · 전민영

주소 · 서울시 강남구 논현동 278-3
전화 · 02)525-7794
팩 스 · 02)587-7794
홈페이지 · www.tongbooks.com
등록 · 제22-2766호(2005.6.27)

ISBN 978-89-92247-87-0 03230

ⓒ 조병호, 2015

* 책값은 뒤표지에 있습니다. * 파본은 바꾸어 드립니다.
* 본 책의 내용을 출처를 밝히지 않고 인용하거나 저작권자의 허락없이 복사 · 전재하는 행위 및 본 책의 내용을 이용 · 개작하여 어문, 음악, 영상 기타 여하한 형태의 저작물을 만드는 행위는 저작권법 등에 의해 금지되어 있습니다.

통通성경학교 Pre-STEP 1

그 순간

The Moment

조병호 지음

통독원

들어가면서

"다 이루었다"(It is finished)
그 순간(the moment),
왜 성전의 휘장이 찢어졌는가?

누구나 한 3일 정도만 음식을 먹지 않으면 무조건 무엇이라도 좀 먹어야겠다는 생각 외에는 아무 생각도 할 수 없을 것입니다. 또한 누구나 한 3일 정도만 잠을 자지 않으면 만사 제쳐놓고 일단 자야겠다는 생각 외에는 아무 생각도 할 수 없을 것입니다. 배고픔과 눈꺼풀과의 전쟁이 세상에서 가장 이기기 힘든 전쟁이기 때문입니다.

그런데 배고프다는 것과 자야겠다는 것을 뛰어넘는 것이 있는데 그것이 바로 아프다는 것입니다. 너무 아프면 심지어 음식이나 잠까지도 생각나지 않고 지독하게 고통스럽기만 하기 때문입니다.

그런데 우리 예수님께서는 십자가 위에서 손과 발에 못이

박힌 채 온몸으로부터 피가 다 빠져나가 죽을 때까지 매달려 계셨으면서 끝까지 아프다는 말씀을 하지 않으셨습니다.

아프시지 않아서 그러신 것이 아닙니다.

죽음에 이르는 참을 수 없는 고통 가운데에서도 아프다는 말보다 더 중요한 말씀을 하시기 위함이었습니다.

예수님께서 십자가 위에서의 그 고통을 견디시면서까지 하신 말씀들은 다음과 같습니다.

"아버지 저들을 사하여 주옵소서" (눅 23:34)

"내가 진실로 네게 이르노니
오늘 네가 나와 함께 낙원에 있으리라" (눅 23:43)

"여자여 보소서 아들이니이다!" (요 19:26)

"엘리 엘리 라마 사박다니!" (마 27:46)

"내가 목마르다!" (요 19:28)

"다 이루었다!" (요 19:30)

“내 영혼을 아버지 손에 부탁하나이다!” (눅 23:46)

성경에 기록된 예수님의 모든 말씀들은 다 중요합니다. 그 가운데 예수님께서 십자가 위에서 하신 말씀들은 너무나 중요하고, 십자가 위에서 하신 말씀들 가운데에서도 가장 중요한 말씀을 꼽으라면 성자 예수님께서 이 땅에서의 구원 사역을 완성하신 선언인 “다 이루었다!” 라고 할 수 있습니다.

“다 이루었다!” 영어로는 'It is finished.' 즉, '끝났다.' 라는 뜻입니다. 예수님께서 십자가를 통해 하나님의 형상을 닮은, 하나님께서 천하보다 귀하게 여기시는 한 영혼 한 영혼들을 모두 구원하셔서 공의의 하나님과 사람들 사이에 죄로 인해 막혔던 담을 마침내 허무신 것입니다.

예수님께서 이 구원의 놀라운 일을 십자가 위에서 왕 같은 제사장으로, 그리고 하나님의 어린양으로 마침내 완성하신 것입니다.

그런데 예수님께서 십자가 위에서 “다 이루었다.” 라고 말씀하신 '그 순간' 놀랍게도 1,500년 된 성전의 휘장이 찢어졌다고 성경은 기록하고 있습니다. 우연의 일치로 갑자기 그 때 공교롭게 성전의 휘장이 찢어진 것일까요?

성전의 휘장이 너무 오래되고 낡아서? 그것도 아니면 예수님께서 "다 이루었다."라는 말씀을 너무 크게 하셔서 음성의 파장으로 성전의 휘장이 찢어진 것일까요?

성전의 휘장이 찢어졌다는 것은 성소와 지성소를 구분하던 휘장의 역할이 끝났음을 의미합니다. 성소는 제사장 나라의 거룩한 백성의 사명을 받은 이스라엘 백성들이 하나님께 제사 드리는 곳이었고, 지성소는 대제사장이 하나님께 1년에 한 번씩 이스라엘 백성들의 죄를 용서받기 위해 매년 들어가던 곳이었습니다.

그런데 성소와 지성소를 구분하던 휘장이 찢어졌다는 것은 더 이상 대제사장이 하나님께 이스라엘 백성들의 죄를 용서받기 위해 지성소에 따로 들어갈 이유가 없어졌다는 것입니다. 또한 성소에서 이스라엘 백성들이 제사장의 도움을 받아 어린양으로 제사를 드림으로 하나님께 죄를 사함 받는 제사장 나라의 법이 종료되었다는 것입니다.

성전의 휘장이 찢어졌다는 것은, 제사장 나라의 거룩한 백성의 사명을 받았던 이스라엘 백성들과 세상의 모든 민족이 구분 없이 누구나 예수님의 보혈을 통해 하나님 앞에 직접 나아가 하나님께 죄를 용서받고 하나님의 자녀가 되는 권세까지 받게 되었음을 의미합니다.

1,500년간 지속되었던 제사장 나라가 종료되고, 제사장 나라를 모두 수렴하는 하나님 나라가 시작되었음을 선언한 것입니다. 다시 말해 제사장 나라 그릇이 더 큰 하나님 나라 그릇 안으로 쏘옥 들어갔다는 것입니다.

그렇다면 성전의 휘장은 언제, 어떻게 시작되어 1,500년을 이어오다가 예수님께서 십자가 위에서 "다 이루었다."라고 말씀하신 순간에 찢어졌는지 그 휘장의 기원을 찾아가 보아야 합니다.

성전의 휘장이 언제, 어떻게 시작되었는지 알기 위해 예수님의 십자가 사건 1,500년 전으로, 지금으로부터 계수한다면 3,500년 전으로 거슬러 올라가 보겠습니다.

그네뛰기 놀이처럼 최대한 뒤로 멀리 가야 최대한 앞으로, 그리고 높이 올라갈 수 있다는 사실을 기억하면서 우리는 뒤로 최대한 멀리 가보겠습니다.

가평 통독원에서

목차

들어가면서

"다 이루었다"(It is finished)
그 순간(The Moment),
왜 성전의 휘장이 찢어졌는가?

I

움직이는 성막 500년

The Ark of the Covenant that moved for 500 years

3개월 된 아기 모세는 왜 갈대 상자를 탔는가?

성전의 휘장이 언제, 어떻게 시작되었는지를 알기 위해 우리는 3개월 된 아기 모세부터 만나보아야 합니다. 그 아기가 이 이야기의 열쇠를 쥐고 있기 때문입니다. 그런데 그 아기 모세는 지금 애굽(이집트)의 나일 강에서 갈대 상자를 타고 있습니다.

그렇다면 3개월 된 아기 모세는 왜 갈대 상자를 타고 있을까요? 세상에 태어난 지 겨우 3개월 된 아기가 모험심이 뛰어나서 그랬을까요? 물론 그럴 리가 없습니다. 모세가 갈대 상자를 탄 이유는 크게 4가지입니다.

첫째, 엄마가 태웠기 때문입니다.
둘째, 히브리인들이 민족은 있으나 나라가 없었기 때문입니다.
셋째, 애굽(이집트)이 제국주의를 시작하고 있었기 때문입니다.
넷째, 하나님께서 출애굽의 시기를 결정하셨기 때문입니다.

"더 숨길 수 없게 되매 그를 위하여
갈대 상자를 가져다가 역청과 나무 진을 칠하고
아기를 거기 담아 나일 강 가 갈대 사이에 두고
그의 누이가 어떻게 되는지를 알려고 멀리 섰더니"
(출 2:3-4).

성경은 모세 이야기에서 볼 수 있듯이 개인, 가정, 나라 이야기를 모두 담고 있습니다. 모세 이야기는 모세의 개인 이야기이자, 동시에 모세의 가정 이야기입니다.

3개월 된 아기 모세를 두고 모세의 아버지는 갈대를 꺾어다가 갈대 상자를 만들고, 엄마는 태우고, 누나는 그 뒤를 따

모세의 어머니 (시메온 솔로몬 作)

라가며 망을 봅니다. 이렇게 협력(?)이 잘되는 가정도 드물 것입니다. 그런데 왜 이 가정은 이런 황당한 퍼포먼스를 해야만 했던 것일까요?

이 가정이 살고 있는 애굽(이집트)에서 그 가정이 속한 히브리 민족이 나라를 가지지 못했기 때문입니다. 애굽(이집트)이 그들 나라가 펼치는 제국주의 정책으로 히브리 민족 가정에 아들이 태어나면 그 아들을 나일 강에 던져 죽이고 있었던 것입니다. 그래서 모세네 가족이 머리를 맞대고 짜낸 궁리가 겨우 갈대 상자에 3개월 된 아기 모세를 태워 나일 강으로 내려보내는 것이었습니다.

그리고 그 가정이 할 수 있는 마지막 최선은 겨우 7살 된 모세의 누나로 하여금 모세가 타고 있는 갈대 상자를 뒤따라가며 망을 보게 하는 것뿐이었습니다.

그런데 이것은 하나님께서 모세보다 500년 전에 살았던 한 사람, 모세의 조상 아브라함과 맺으셨던 약속의 성취가 마침내 이루어지기 시작하는 드라마틱한 서곡이었습니다.

하늘에서 내려온 법 – 십계명

모세가 태어난 지 3개월 만에 갈대 상자를 탔을 때에는 죽을 가능성이 거의 99.9%, 그리고 살 수 있을 가능성은 겨우 0.1%였습니다. 그런데 놀랍게도 0.1%가 기적을 만들면서 모세는 애굽(이집트)의 왕자가 되었습니다. 그때로부터 40년 후 모세는 죽을 가능성이 오히려 100%가 될 처지에 놓였습니다. 애굽(이집트)의 왕자 모세가 뜨거운 감자인 자기 민족(히브리 민족) 문제를 건드렸다가 살인자가 되었기 때문이었습니다.

그래서 모세는 또다시 살아남기 위해 이번에는 광야로 도망쳐 그곳에서 40년을 보내게 됩니다. 그런데 광야 생활 40년 만에 하나님께서 모세에게 나타나셔서 모세에게 뜨거운 감자인 민족 문제를 다시 만지자고 모세를 설득하기 시작하셨습니다.

하나님께서 아브라함의 후손들을 입애굽시키신 지 430년 만에 드디어 출애굽의 때를 결정하신 것입니다. 하나님의 말씀대로 아브라함의 후손들이 마침내 큰 민족을 이루었고, 가나안에 살고 있는 사람들의 죄가 가득 찼기 때문입니다.

"내가 너로 큰 민족을 이루고 네게 복을 주어
네 이름을 창대하게 하리니 너는 복이 될지라"(창 12:2).

"네 자손은 사대 만에 이 땅으로 돌아오리니
이는 아모리 족속의 죄악이
아직 가득 차지 아니함이니라 하시더니"(창 15:16).

드디어 하나님의 뜻대로 모세가 출애굽의 지도자가 되어 애굽으로 되돌아가 바로와 6개월간 9번에 걸친 협상을 했습니다. 출애굽을 위해 모세가 내민 협상 카드는 하나님의 기적(miracle)이었습니다. 이에 대해 바로는 그들의 문명(civilization)을 대항마로 내어놓습니다. 그러나 끝내 협상이 결렬됩니다. 출애굽의 꿈이 요원해지는 것만 같았습니다.

그런데 하나님께서 준비하신 마지막 카드가 또 있었습니다. '유월절'(Passover) 히든카드였습니다. 마침내 유월절을 통해 아브라함의 후손들이 애굽(이집트)에서 나오게 되고, 그들은 출애굽한 지 제 3월에 시내 산에 도착하게 됩니다.

애굽(이집트)에서 히브리 민족이라 불렸던 아브라함의 후손들은 출애굽해서 처음으로 그들의 나라를 세우고 나라 이름을 이스라엘이라 불렀습니다. 하나님께서 야곱에게 주셨던 새로운 이름 이스라엘이 나라 이름이 되었습니다. 그 나라에 하나님께서 하늘로부터 직접 법을 주신 것입니다.

하나님께서는 아브라함의 후손들인 이스라엘에게 하늘로부터 직접 법을 주시면서 증거판 둘을 모세에게 주셨는데 이것은 돌판으로 하나님께서 직접 돌에 새겨주신 것이었습니

모세와 십계명 (렘브란트 作)

다. 그런데 모세가 시내 산 위에서 하나님으로부터 두 돌판을 받고 있었던 그 시간에 이스라엘 백성들은 안타깝게도 산 아래에서 모세를 기다리다 지쳤다며 애굽(이집트)에서 보고 배웠던 대로 금송아지 우상을 만들고 그 우상에 절하고 있었습니다. 이를 보고 격분한 모세가 이 돌판들을 던져 깨뜨려버렸습니다.

그 후 모세가 돌판 두 개를 깎아 만들어 시내 산에 올라가 다시 하나님께 법을 받습니다. 하나님께서 이처럼 하늘로부터 직접 법을 주신 이유는 아브라함의 후손들로 하여금 아브라함과 맺었던 그 언약, '모든 민족'을 위한 그 놀라운 약속을 성취하고 싶으셨기 때문입니다.

하나님께서 모든 민족을 복 주시기 위해 아브라함의 후손들로 하여금 제사장 나라를 세우게 하시고 거룩한 백성이 되게 하셔서 하나님과 모든 민족 사이에 평화의 존재가 되게 하신 것입니다.

그래서 제사장 나라를 위한 법을 직접 주시고, 그 제사장 나라가 지켜야 할 법을 돌에 새겨 언약궤 안에 보관하여 하나님의 임재를 상징하게 하셨습니다.

"여호와께서 시내 산 위에서 모세에게 이르시기를
마치신 때에 증거판 둘을 모세에게 주시니 이는 돌판이요
하나님이 친히 쓰신 것이더라"(출 31:18).

"모세가 돌판 둘을 처음 것과 같이 깎아 만들고
아침에 일찍이 일어나
그 두 돌판을 손에 들고 여호와의 명령대로
시내 산에 올라가니"(출 34:4).

"이스라엘 자손이
이와 같이 성막 곧 회막의 모든 역사를 마치되
여호와께서 모세에게 명령하신 대로 다 행하고"(출 39:32).

돌에 십계명을 새겨주신 하나님께서는 이스라엘 백성들로 하여금 언약궤를 포함한 회막을 만들게 하셨고, 모세의 지도하에 이스라엘 백성들은 온 정성을 다해 5개월 20일에 걸쳐 성막 즉, 회막을 만들었습니다.

하나님 앞에 제사장 나라 거룩한 백성으로 살겠다고 하나

님과 언약을 맺은 아브라함의 후손들인 이스라엘 백성들은 그때로부터 500년간 움직이도록 설계되어진 성막 즉, 회막을 중심으로 언약 관계를 유지하며 살아가게 되었습니다.

성막 곧 회막에서 하나님께서는 이스라엘 백성들과 만나주셨습니다. 그리고 이스라엘 백성들은 그곳 즉, 하나님의 임재를 상징하는 회막에서 하나님께 제사를 드리고 죄를 용서받으며 살아가게 되었습니다.

지성소와 성소 사이의 휘장

하나님께서 만들게 하신 성막 곧 회막 안에는 청색 자색 홍색 실과 가늘게 꼰 베실로 짜서 만든 휘장이 있었습니다. 그리고 언약궤(증거궤)가 갈고리 아래에 늘어뜨린 휘장 안에 놓이게 되어 있었습니다.

휘장은 언약궤(증거궤)를 가려주는 역할을 하는 귀한 천이었습니다. 하나님께서는 휘장을 사이에 두고 성소와 지성소를 구분하게 하셨던 것입니다.

"너는 청색 자색 홍색 실과 가늘게 꼰 베 실로 짜서

광야의 회막 (홀만 바이블 삽화)

휘장을 만들고
그 위에 그룹들을 정교하게 수 놓아서
금 갈고리를 네 기둥 위에 늘어뜨리되
그 네 기둥을 조각목으로 만들고
금으로 싸서 네 은 받침 위에 둘지며
그 휘장을 갈고리 아래에 늘어뜨린 후에
증거궤를 그 휘장 안에 들여놓으라
그 휘장이 너희를 위하여
성소와 지성소를 구분하리라"(출 26:31-33).

예수님께서 십자가 위에서 "다 이루었다."라고 말씀하셨을 때에 찢어진 성전의 휘장은 이처럼 1,500년의 역사를 가진 성소와 지성소를 구분해주는 중요한 천이었던 것입니다.

물론 찢어진 성전의 휘장은 예루살렘 성전의 휘장이었으나, 그 휘장의 역사는 모세 시대까지 거슬러 올라가 광야에서 세워진 회막에서 시작되었습니다.

하나님께서 이처럼 광야에서 십계명을 주시고, 회막을 세우게 하시고, 성소와 지성소를 구분하는 휘장을 만들게 하신 이유는 〈제사장 나라의 거룩한 시민〉으로 사명을 받은 이스라엘 백성과 '그곳에서 만나기' 위함이셨습니다.

"이는 너희가 대대로
여호와 앞 회막 문에서 늘 드릴 번제라
내가 거기서 너희와 만나고
네게 말하리라"(출 29:42).

〈움직이는 성막 500년〉 동안 하나님께서는 회막에서 제사장 나라의 거룩한 백성인 이스라엘 백성을 만나셨고, 〈예루살렘 성전 1,000년〉 동안은 예루살렘 성전에서 이스라엘 백성을 만나주셨습니다. 하나님께서 하나님의 이름을 두시려고 택하신 장소 '그곳'은 하나님께서 결정하신 곳이기 때문에 이처럼 매우 중요합니다.

이후 북이스라엘의 왕 여로보암이 '그곳'이 아닌 단과 벧엘에서 드린 제사를 하나님께서 받지 않으신 이유는 바로 여기에 있습니다. 그런데 그토록 중요한 하나님의 이름을 두려고 택함을 입은 '그곳'이 예수님의 십자가 이후 '우리 몸이 거룩한 성전'이 되면서 우리 몸 안 성전에서 하나님께서 우리와 만나주시게 된 것입니다.

다시 말해 하나님의 성전이 된 우리의 몸 안에 하나님의 영광이 머물게 되신 것입니다. 이는 예수 그리스도의 십자가의 공로이고 우리에게 주신 최고의 선물입니다. 우리가 어떻게 감히 하나님을 이렇게 가까이에서 만나 뵐 수 있겠습니까. 회막과 성전을 생각한다면 '우리 몸이 하나님의 성전'이라는 사실은 실로 우리가 감당하기조차 벅찬 하나님의 크고 크신 은혜가 아닐 수 없습니다.

"거기서 내가 너와 만나고
속죄소 위 곧 증거궤 위에 있는 두 그룹 사이에서
내가 이스라엘 자손을 위하여
네게 명령할 모든 일을 네게 이르리라"(출 25:22).

제사장 나라

구약성경 전체를 덮고 있는 큰 우산은 제사장 나라입니다. 제사장 나라를 이해하지 못하면, 구약성경을 통한 하나님의 뜻도 알 수 없고 하나님의 사랑도 알 수 없습니다.

그만큼 구약성경의 큰 우산인 제사장 나라는 사랑과 공의의 하나님께서 모든 민족을 사랑하시기 위해 사용하신 중요한 도구입니다.

성경은 남의 나라 즉, 유대인들의 선조인 이스라엘의 역사를 기록한 단순한 책이 아닙니다. 성경은 하나님의 형상을

아브라함과 맺은 하나님의 약속 (제임스 티소 作)

닮은 세상 모든 민족을 향한 하나님의 사랑을 담은 계시의 책입니다.

하나님께서는 하나님의 형상을 닮은 세상 모든 사람들 가운데에서 한 사람 아브라함을 선택하셨고, 그 한 사람 아브라함이 하나님을 믿고 하나님의 말씀에 순종했습니다. 그래서 하나님께서 세상의 모든 민족들을 다 사랑하시기 위해 아브라함과 함께 꿈꾸시며 그의 후손들을 통해 제사장 나라를 세우고자 하셨던 것입니다.

하나님과 모든 민족 사이에 평화를 만드는 나라인 제사장 나라를 세우시기 위해 하나님께서는 아브라함과 언약을 맺으신 후, 아브라함의 후손들이 큰 민족을 이루기까지 500여 년을 기다리셨습니다.

그리고 마침내 그들이 큰 민족을 이루자, 그들에게 그들의 조상 아브라함과 맺었던 언약을 말씀하시며 그들이 제사장 나라의 사명을 감당할 수 있는지를 다시 물으셨습니다. 그러자 그들이 하나님의 뜻에 따라 제사장 나라의 거룩한 시민으로 살겠다고 하나님과 언약을 맺은 것입니다.

그래서 이스라엘이 제사장 나라 거룩한 시민이 되었던 것이고, 하나님께서는 그들의 하나님이 되시고 그들을 지켜주겠다고 약속하셨던 것입니다.

그러므로 제사장 나라는 하나님의 모든 민족 사랑이라 말할 수 있습니다. 제국과 제사장 나라는 모두 '모든 민족'을 말합니다. 그러나 제국은 한 민족이 모든 민족을 종으로 삼는 나라이고, 제사장 나라는 한 민족이 모든 민족을 복 받게 하는 복의 통로가 되는 나라입니다.

제사장 나라를 5살 된 우리 자녀들에게 가르치기 위해 5가지로 설명하자면 다음과 같습니다.

〈제사장 나라〉

① 유월절 어린양으로 시작한 나라(출 12:21-22)

② 하나님의 용서가 있는 나라(레 6:7)

③ 이웃 사이에 나눔과 거룩이 있는 나라(레 19:9-10)

④ 민족 사이에 평화가 있는 나라(레 19:33-34)

⑤ 장자와 성전으로 이끄는 나라(출 25:22)

Ⅱ

예루살렘 성전 1000년

The Jerusalem Temple that lasted 1000 years

다윗의 도발적 상상 – 성전

모세 시대에 광야에서 만들어진 성막 즉, 회막은 하나님의 뜻에 따라 처음부터 움직이도록 설계되어 있었습니다.

그리고 12지파 가운데 하나님의 선택함을 받은 레위 지파가 하나님께 드리는 제사를 집례했고, 이스라엘 백성들이 광야에서 이동할 때에는 특히 레위 지파 가운데에서도 고핫 자손들이 지성소의 성물을 어깨에 메어서 옮기는 일을 맡아서 담당했었습니다.

그렇게 500년 동안 성막은 이곳저곳으로 옮겨 다녔고, 성막이 머물고 있는 그곳이 하나님의 이름을 두려고 택함을 입은 곳이었습니다.

그런데 다윗이 움직이도록 설계된 성막을 예루살렘 안에 집을 지어 그곳에 모셔두고 싶다는 도발적인 상상을 했습니다. 이는 다윗이 오랜 세월 사울을 피해 도망자로 살다가 마침내 이스라엘의 왕이 되어 백향목으로 지은 왕궁에서 평안히 살게 되면서 가지게 된 생각이었습니다.

자신은 백향목으로 지은 좋은 왕궁에 살고 있는데, 하나님의 궤는 해달의 가죽 덮개에 덮여 이곳저곳으로 옮겨 다니는 것이 송구하다는 생각을 했던 것입니다.

다윗이 자신의 이러한 생각을 나단 선지자에게 말하자 나단 선지자도 매우 좋은 생각이라 동의했습니다. 나단이 그 사실을 하나님께 아뢰자 하나님께서 크게 기뻐하시며 다윗에게 선물과 함께 대신 두 가지 조건을 말씀하셨습니다.

하나님께서 다윗에게 주신 선물은 다윗의 후손들이 다윗

다윗 왕의 기도 (피에테르 데 그레베르 作)

을 이어 계속해서 이스라엘의 왕이 될 것이라는 것입니다. 두 가지 조건은 다윗이 짓고 싶어 하는 성전을 다윗의 아들 대(代)에 지을 것이며, 성전 건물은 하나님께서 주시는 설계 도대로 지어야 한다는 것이었습니다.

그렇게 해서 예루살렘에 드디어 예루살렘 성전이 세워지게 되었습니다. 그때로부터 예루살렘은 예루살렘 성전으로 말미암아 오늘날까지도 세계에서 가장 유명한 도시로 명성을 얻고 있습니다.

"그런즉 이제 너는 삼갈지어다
여호와께서 너를 택하여
성전의 건물을 건축하게 하셨으니
힘써 행할지니라 하니라"(대상 28:10).

"다윗이 이르되 여호와의 손이 내게 임하여
이 모든 일의 설계를 그려
나에게 알려 주셨느니라"(대상 28:19).

모든 민족을 위한 성전 – 이방인의 뜰

이스라엘 백성들이 광야에서 성막 곧 회막을 만들었을 때에는 그들 몸을 추스르기에도 벅찬 때였습니다. 출애굽한 이스라엘 백성들이 광야에서 모든 민족을 위한 제사장 나라의 거룩한 시민으로 하나님과 언약을 맺기는 했으나, 그때 당장은 모든 민족을 위한 일을 곧바로 감당할 수 있는 형편이 아니었기 때문입니다.

그래서 광야에서 만들어진 성막 곧 회막은 성소와 지성소만을 갖추고 있었던 것입니다. 그런데 하나님께서 다윗에게 주신 성전의 설계도에 따라 건물로 지어진 성전에는 드디어 모든 민족을 위한 공식적인 공간이 마련되었습니다.

그곳은 '이방인의 뜰'이라는 이름으로 조성된 성전 밖의 뜰로서 세상의 모든 민족이 다 와서 하나님께 기도드릴 수 있는 곳입니다.

드디어 건물 성전을 통해 세상의 모든 민족 사람들이 이방인의 뜰에 와서 하늘의 하나님께 기도할 수 있게 되었습니다. 그 기도를 하나님께서 들어주실 수 있는 곳이 마련된 것입니다.

성전은 하나의 큰 건물로 형성되어 있는데 그 건물은 휘장을 사이에 두고 지성소와 성소로 구분되었습니다.

이는 다시 말해 하나님께서 다윗에게 주신 성전의 설계도대로 지어진 성전은 지성소와 성소, 그리고 이방인의 뜰 이렇게 세 장소로 구분되어 그 사용이 각각 달랐습니다.

먼저 지성소는 대제사장이 1년에 한 번씩 매년 들어가 제사장 나라의 사명을 감당하는 이스라엘 백성들의 죄를 용서받는 곳이었습니다. 이스라엘 백성들을 향한 하나님의 사면권이 주어지는 곳이 바로 지성소인 것입니다.

그리고 하나의 건물 안에서 휘장을 사이에 두고 지성소와 구분되어 있는 성소와 그 뜰에서 이스라엘 백성들은 제사장의 도움을 받아 레위기에 기록된 대로 5가지 제사를 하나님께 드렸습니다.

하나님께 제사를 드리는 것은 번거로운 일이 아니라, 하나님의 용서를 받을 수 있고 계속해서 하나님 앞에서 살아갈 수 있는 특권이었습니다. 공의의 하나님 앞에 죄의 값은 사망인데 죄지은 죄인이 제사를 통해 죄 사함을 받고 다시 인생을 살 수 있는 길이 바로 제사였기 때문입니다.

그리고 건물 밖 이방인의 뜰은 위에서 설명한 대로 세상 모든 민족이 와서 하나님께 기도하고, 하나님의 응답을 받을 수 있는 곳이었습니다. 그러므로 예루살렘 성전의 하이라이트는 놀랍게도 다름 아닌 모든 민족을 위한 곳인 '이방인의

솔로몬의 예루살렘 성전 봉헌식 (제임스 티소 作)

뜰' 이었던 것입니다.

"또 주의 백성 이스라엘에 속하지 아니한 자
곧 주의 이름을 위하여 먼 지방에서 온 이방인이라도
그들이 주의 크신 이름과 주의 능한 손과
주의 펴신 팔의 소문을 듣고 와서
이 성전을 향하여 기도하거든
주는 계신 곳 하늘에서 들으시고
이방인이 주께 부르짖는 대로 이루사
땅의 만민이 주의 이름을 알고
주의 백성 이스라엘처럼 경외하게 하시오며
또 내가 건축한 이 성전을
주의 이름으로 일컫는 줄을 알게 하옵소서"(왕상 8:41-43).

1년에 한 번 목숨 걸고 들어가는 곳 – 대제사장의 지성소

"이는 너희가 영원히 지킬 규례라
이스라엘 자손의 모든 죄를 위하여
일 년에 한 번 속죄할 것이니라
아론이 여호와께서 모세에게 명령하신 대로 행하니라"
(레 16:34).

유대의 분봉 왕이었던 헤롯이 유대인들을 위하여 예루살렘 성전을 증축해주면서 가장 신경을 많이 쓴 부분은 성전 외벽이었다고 합니다. 헤롯에게 있어 성전은 본래 의미와는

상관없는, 에돔족인 그가 유대인들을 통치하면서 그들의 환심을 살 수 있는 가장 효과적인 '정치' 였기 때문입니다.

그래서 겉으로 드러나는 성전 외벽에 대해 가장 신경을 많이 쓰고 화려하게 치장을 했던 것입니다. 그러면서 헤롯이 성전 증축 과정에서 가장 소홀히 다루었던 부분은 지성소였습니다.

왜냐하면 지성소는 유대 나라 자국 내에서 살고 있는 유대인들과 디아스포라 유대인들, 그리고 예루살렘을 찾은 관광객 어느 누구도 들어갈 수 없고 오직 대제사장만이 1년에 한 번 들어가는 곳이었기 때문입니다.

지성소는 성전 안에서 휘장을 사이에 두고 성소와 구분된 곳이었습니다. 대제사장은 제사장 나라의 거룩한 백성으로 하나님과 언약을 맺은 이스라엘 모든 백성들의 죄를 가지고 1년에 한 번 그곳에 매년 들어가 하나님께 나아가 그 죄를 용서받는 곳이었습니다.

헤롯의 예루살렘 성전 모형 (이스라엘 박물관)

아론과 그의 아들들의 제사장 위임식 (홀만 바이블 삽화)

하나님께서 대제사장이 책임지고 가지고 온 이스라엘 백성들의 모든 죄를 용서해주시면 대제사장은 지성소에서 살아 나오는 것이고, 1년간 이스라엘 백성들은 다시 하나님 앞에서 죄를 사면받고 살아갈 수 있었습니다.

그러나 만약 대제사장이 지성소에서 살아 나오지 못한다면, 하나님께서 그해에 이스라엘 백성들의 죄를 사면해주시지 않은 것이기 때문에 이스라엘 백성들은 모두 죄에 대해 처벌받아야 하는 것이었습니다.

때문에 대제사장이 지성소에 들어가는 것은 1년에 한 번씩 죽을 각오를 하는 일이었습니다. 그해에 하나님께서 이스라엘 백성들의 죄를 용서해주실 것인가 용서하시지 않을 것인가는 전적으로 하나님의 결정이기 때문입니다.

그리고 그 하나님의 결정은 대제사장의 목숨과 직결되어 있었던 것입니다. 대제사장은 이처럼 하나님과 이스라엘 백성들 사이에 막중한 책임을 맡은 자였고, 그 책임에 대해 특권이 주어졌던 것입니다.

다시 말해 특권은 사명을 전제하고, 대제사장이 그에게 주어진 사명을 잘 감당했을 때 세마포 예복을 입고 하나님 앞에 나아가는 특권을 누릴 자격까지도 있었던 것입니다.

현직 대제사장의 부고(訃告)를 기다리는 곳 – 도피성

대제사장은 1년에 한 번씩 목숨 걸고 지성소에 들어가는 일 외에 또 다른 극심한 스트레스(?)를 가지고 살아가야 하는 사람이었습니다. 도피성 사람들의 뜨거운(?) 관심을 늘 받고 살아가야 했기 때문입니다. 하나님께서는 제사장 나라의 613가지 법 가운데 도피성에 관한 법을 주셨습니다.

이스라엘은 요단 강을 중심으로 강 동편과 서편에 각각 3개씩 6개의 도피성을 만들어야 했고, 그 도피성은 고의성이 없음에도 불구하고 살인을 저지른 자들이 피신할 수 있는 곳이었습니다.

예를 들어, 어떤 사람이 집안에서 도끼로 나무를 패고 있다가 도끼자루가 빠져 도끼가 담장 밖으로 날아가 지나가는 사람이 죽었다고 칩시다.

죽은 사람도 억울하지만, 그 사람을 죽인 사람 또한 정말 고의가 없었음에도 불구하고 그 사람은 살인자가 되는 것입니다. 이런 경우에 살인자에 해당하는 사람이 공식적으로 몸을 피할 수 있는 곳이 바로 도피성이었습니다.

그렇다면 도피성에 몸을 피신한 사람은 언제까지 그 도피성에 머물러야 하는 것인가 그것이 궁금해질 것입니다. 하나님께서는 이것까지도 법으로 정해주셨습니다.

도피성에 몸을 피신한 사람은 현직 대제사장이 죽을 때까지 도피성에 있다가 다시 나올 수 있습니다. 다시 말해 현직 대제사장의 부고(訃告)가 전해지는 날은 도피성에 피신해 있는 살인자에게는 출소의 날인 것입니다.

도피성 (*Bible Pictures and What They Teach Us*의 삽화)

만약 현직 대제사장이 죽지 않았는데 불구하고 도피성에 몸을 피신한 살인자가 도피성 밖으로 나오면 그 사람은 어떤 응징을 당해도 보호받을 수 없습니다.

그러므로 도피성 사람들이 기다리는 굿 뉴스는 오직 현직 대제사장의 부고(訃告)였던 것입니다. 이 사실을 알면서 살아가는 사람이 바로 대제사장이었습니다. 그래서 한편으로 대제사장의 어머니와 아내가 하는 중요한 일은 도피성에 몸을 피신한 사람들과 그의 가족들의 생계를 돌봐주는 일이었다고 합니다.

이는 그들 즉, 도피성에 몸을 피신한 사람들과 그의 가족들이 대제사장의 부고(訃告)를 지나치게 기다리지 않게 하기 위한 고육책(苦肉策)이었을 것입니다.

Ⅲ

그 순간

The Moment

십자가의 지성소

지성소는 대제사장이 1년에 한 번 목숨 걸고 들어가 하나님의 용서 즉, 하나님께 이스라엘 백성들의 죄에 대해 사면권을 받아 나오는 곳입니다.

이러한 지성소의 의미를 정확하게 알아야 우리 예수님께서 왕 같은 대제사장으로 지성소인 십자가에 올라가셔서 하나님으로부터 온 세상 모든 사람들의 죄에 대해 사면권을 받으셨다는 사실을 알 수 있습니다.

십자가 (안토니 반다이크 作)

대제사장이 1년에 한 번씩 목숨 걸고 매년 들어갔던 지성소에 예수님께서는 목숨을 거는 정도를 넘어 정말 목숨을 내어놓으시면서 십자가 지성소로 올라가심으로 이스라엘 백성들의 죄뿐 아니라, 세상 모든 사람들의 죄를 한꺼번에 하나님으로부터 용서받게 하셨습니다.

이 위대한 일을 예수님께서 십자가 위에서 완성하시고 "다 이루었다."라고 말씀하신 것입니다.

"예수께서 대답하여 이르시되
너희가 이 성전을 헐라
내가 사흘 동안에 일으키리라"(요 2:19).

또한 예수님께서 십자가에 올라가신 것은 대제사장으로 지성소에 들어가신 것과 더불어 하나님의 어린양으로 친히 제물이 되신 것입니다.

유월절 어린양이 애굽에서 히브리 민족의 장자들의 목숨을 살렸다면, 우리 예수님께서는 '세상 죄를 지고 가는 하나님의 어린양'으로 세상 모든 사람들을 살리셨습니다. 그 사람들 가운데 나와 우리가 포함되어 있는 것입니다.

하나님 나라 그릇에 담긴 제사장 나라

하나님 나라는 제사장 나라를 이해하지 못하면 결코 이해할 수 없는 나라입니다. 왜냐하면 하나님 나라 안에 제사장 나라가 모두 들어 있기 때문입니다.

예수님의 길을 예비한 선지자 세례 요한은 예수님의 사역을 앞두고 "회개하라. 천국이 가까이 왔다."라고 말했습니다. 세례 요한이 예수님께서 천국 즉, 하나님 나라를 이루실 분임을 미리 전한 것입니다.

산상수훈 (칼 하인리히 블로흐 作)

10명의 나병환자를 고치심 (제임스 티소 作)

예수님이 전하신 말씀은 모두 천국 즉, 하나님 나라 이야기입니다. 하나님 나라에서 누가 큰 사람인지, 어떤 사람이 하나님 나라에 들어갈 수 있는지, 하나님 나라가 어떻게 오는지 가르쳐주셨습니다.

예수님께서는 하나님 나라를 쉽게 설명해주시기 위해 농부들에게는 씨 뿌리는 비유로, 어부들에게는 그물 비유로, 주부들에게는 누룩 비유로, 장사하는 사람들에게는 진주 비유로 모든 사람들이 다 이해할 수 있도록 쉽게 하나님 나라를 설명해주셨습니다.

"천국은 마치 밭에 감추인 보화와 같으니
사람이 이를 발견한 후 숨겨 두고 기뻐하며 돌아가서
자기의 소유를 다 팔아 그 밭을 사느니라
또 천국은 마치 좋은 진주를 구하는 장사와 같으니
극히 값진 진주 하나를 발견하매
가서 자기의 소유를 다 팔아 그 진주를 사느니라
또 천국은 마치 바다에 치고
각종 물고기를 모는 그물과 같으니

그물에 가득하매 물 가로 끌어 내고 앉아서
좋은 것은 그릇에 담고 못된 것은 내버리느니라"
(마 13:44-48).

그리고 예수님께서는 늘 하나님 나라를 가르쳐주셨지만, 십자가에서 "다 이루었다."라고 말씀하시기 전까지는 철저하게 제사장 나라의 법을 지키셨습니다.

예수님께서 수많은 환자들을 고치시고 제사장에게 보이라고 말씀하신 적은 없습니다. 그러나 나병 환자들을 고쳐주셨을 경우에는 그들에게 제사장 나라의 법대로 반드시 제사장에게 보이라고 말씀하셨습니다.

제사장 나라 법에 의하면 나병 환자의 치유 여부는 반드시 제사장이 판단해야 하는 것이기 때문이었습니다.

예수님께서는 율법과 선지자 즉, 구약성경을 폐하러 이 땅에 오신 것이 아니라 완전하게 하기 위해 오셨다고 말씀하셨습니다. 그리고 정말 그 말씀대로 율법과 선지자 즉, 제사장 나라의 법과 선지자들을 통한 하나님의 말씀을 십자가 위에서 모두 완전하게 하셨습니다. 그리고 제사장 나라를 하나님 나라 그릇에 담으셨습니다.

작은 그릇은 큰 그릇을 담을 수 없습니다. 그러나 큰 그릇은 작은 그릇을 담고도 남습니다. 하나님 나라 그릇이 제사장 나라 그릇을 담았다는 것은 제사장 나라 그릇보다 하나님 나라 그릇이 더 포괄적이고 크다는 것입니다.

제사장 나라를 알지 못하면 하나님 나라 안에 담긴 제사장 나라 또한 모르는 것입니다. 그러므로 제사장 나라를 완벽하게 숙지해야 하나님 나라를 이해하고, 그 나라 안에서 자유를 누리며 하나님 나라의 백성으로 살 수 있습니다.

하나님 나라

① 하나님의 어린양으로 시작한 나라(요 1:29)

② 하나님을 아버지라 부르는 나라(마 6:9)

③ 한 영혼이 천하보다 귀한 나라(마 16:26)

④ 십자가를 통해서 완성되는 나라(요 19:30)

⑤ 제자와 교회로 이끄는 나라(행 8:14-15)

Ⅳ

너희가 하나님의 성전

Your body is the Temple of God

‘움직이는 성막 500년’ 시대를 접고, ‘예루살렘 성전 1,000년’ 시대를 연 예루살렘 성전이 건축된 것은 다윗의 아들 솔로몬 시대였습니다.

첫 번째 건물 성전인 예루살렘 성전은 솔로몬 시대에 건축된 것이지만, 하나님께서 설계도를 주셨고 다윗이 성전 건축을 위한 모든 준비를 완료해놓은 상태에서 건축된 것입니다. 첫 번째 건축된 예루살렘 성전은 350년간 유지되다가 남유다가 바벨론 제국에게 멸망하는 과정에서 불태워지고 파괴

되었습니다.

그리고 예루살렘에는 70년간 건물 성전이 부재한 상태였습니다. 그러다가 바벨론 포로 70년을 보내고 페르시아 제국에 의해 귀환한 유대인들이 페르시아 제국의 도움으로 두 번째 예루살렘 성전을 다시 건축합니다.

그때 페르시아 제국이 유대에 파견한 총독이 유대인 출신 스룹바벨이었습니다. 스룹바벨은 1차 포로 귀환의 지도자이기도 했습니다. 그래서 두 번째 예루살렘 성전을 스룹바벨 성전이라고 부르기도 합니다. 그렇게 페르시아 제국 시대와 신구약 중간기인 헬라 제국의 지배 시기를 거치면서까지 두 번째 건축된 예루살렘 성전이 유지되고 있었습니다.

그 후 헬라 제국이 로마 제국에게 멸망하게 됩니다. 때문에 유대 나라는 바벨론 제국과 페르시아 제국, 그리고 헬라 제국에 이어 로마 제국의 지배까지 받게 됩니다.

로마 제국은 당시 제국들이 지배하기에 가장 힘들고 골치

아픈 나라라고 알려져 있던 유대 나라 통치에 뛰어난 정치력을 발휘하여 분봉 왕과 총독을 동시에 파견했습니다.

그래서 분봉 왕은 예루살렘에서 정치와 경제를 담당하고, 총독은 예루살렘에서 북쪽으로 좀 떨어진 곳에서 군인들과 함께 거주하면서 안보와 치안을 담당했습니다. 그리고 로마 제국은 유대의 종교는 유대의 종교 지도자들 즉, 산헤드린 공회 중심의 자치 기구가 담당하게 했던 것입니다.

이런 상황에서 유대를 다스리고 있던 에돔족 출신 분봉 왕 대헤롯이 유대인들의 환심을 사기 위해 예루살렘 성전을 어마어마한 규모로 크게 증축해주었던 것입니다. 그래서 이때 증축된 예루살렘 성전이 헤롯 성전이라고까지 불렸습니다.

그러나 헤롯 시대에 46년에 걸쳐 증축된 예루살렘 성전마저도 A.D.70년 로마 제국에 의해 완전히 파괴하고 맙니다. 그리고 이 세상에 건물 성전은 종료되었습니다. 이후 세상에 건물로서의 성전은 더 이상 존재하지 않습니다. 성전이 우리 몸으로 들어왔기 때문입니다.

그러므로 오늘날 교회는 성전과 같은 의미의 건물이 아니고, 예수 그리스도를 주라 시인하는 그리스도인입니다. 그 그리스도인인 교회가 곧 하나님의 성전인 것입니다.

그래서 사도 바울은 '너희가 하나님의 성전'이고 '하나님의 성령이 너희 안에 계시다.'라고 말했습니다. '너희'는 물론 그리스도인입니다.

"너희는 너희가 하나님의 성전인 것과
하나님의 성령이 너희 안에 계시는 것을
알지 못하느냐"(고전 3:16).

"너희는 사도들과 선지자들의
터 위에 세우심을 입은 자라
그리스도 예수께서 친히 모퉁잇돌이 되셨느니라
그의 안에서 건물마다 서로 연결하여
주 안에서 성전이 되어 가고
너희도 성령 안에서 하나님이 거하실 처소가 되기 위하여
그리스도 예수 안에서 함께 지어져 가느니라"(엡 2:20-22).

성전의 의미를 아는 사람은 '너희가 하나님의 성전'이라는 말씀에 가슴이 벅차오르게 됩니다. 진정한 성전의 의미를 깨닫고 그리스도인으로 이 세상을 살아가는 사람이 진정 하나님의 자녀이고, 하나님 나라를 사는 그리스도인입니다.